O AMOR EXISTE

Leandro Neko

O amor existe

Deixe esse sentimento invadir sua vida

Outro Planeta

o amor é muito mais do que algumas crônicas.

o amor é muito mais do que algumas músicas.

o amor é aquele frio na barriga que você só sente quando sabe que está fazendo a coisa certa.

o amor é aquele "oi, como você está?" que ilumina e esquenta todo o seu dia.

o amor é risada, beijo, cheiro, abraço, carinho, dedos entrelaçados...

o amor é tudo o que faz você se sentir real, se sentir verdadeiro.

De que vale viver uma vida inteira se você não se sentir vivo?

Meu nome é **Leandro Neko**, tenho 29 anos, carrego 100 kg de saudades nas costas e, mesmo assim, acredito fielmente que a vida nos transforma e o amor nos renova. Por causa disso, quero convidar você a entrar numa jornada comigo. Quero fazer esse convite de semear um sentimento que não pode e não deve ser esquecido. Como? Eu respondo agora!

ENTREGUE-SE PARA TUDO AQUILO QUE FAZ VOCÊ MELHOR, PARA TODAS AS COISAS QUE DÃO SENTIDO À SUA VIDA E O FAZEM LEVANTAR DA CAMA DE MANHÃ.

CONFIE EM SI MESMO E SEJA O SEU PRÓPRIO FINAL FELIZ.

AME TODOS OS DIAS COMO SE FOSSE A PRIMEIRA VEZ.

PROMETA PARA SI MESMO QUE, QUANDO FALTAR COR, É VOCÊ QUEM VAI PINTAR UM SOL PARA BRILHAR POR AÍ.

TENTE, ACERTE, ERRE E TENTE DE NOVO.

DÊ VIDA A PROJETOS INACABADOS.

SONHE ATÉ OS PÉS SAÍREM DO CHÃO.

MERGULHE NA IMENSIDÃO DE SENTIMENTOS QUE O SEU CORAÇÃO PROPORCIONA.

Chegou a
hora de
se deixar
levar.

Chegou a hora de fazer o amor existir!

Se não fosse amor, não seria nada.

Se não fosse amor, não seria nada. Parece louco escrever uma coisa dessas, mas, se não fosse o amor, não existiriam os planos, as vontades e muito menos o frio na barriga. Parece que sobe uma comichão pelo corpo todo quando você sabe que o "seu" está para chegar. Aquela risadeira fácil, aquele olhar bobo e um medo bom. Daqueles que fazem você ficar todo tenso, sabe?! Por vezes, você pensa que não é nada.

"Ah! Vai passar, como tudo passa."

Sempre no pensamento negativo que é para não correr risco de se decepcionar. Mas o "problema" de todo esse "perigo" é que as coisas existem, o amor existe. Não só existe como já deixou o baú do medo para trás, para ir botar um sorriso no seu rosto e nunca mais tirar esse encanto. E é aí que você pensa: "Se não fosse amor, não seria nada".

AMORES
QUE
CHEGAM

TRAZ PARA O SEU MUNDO QUEM ACOMPANHA AS SUAS BESTEIRAS

Traz para a sua vida quem acompanha as suas besteiras.

Alguém que ensine que são nas menores coisas que estão os momentos que a gente não esquece.

Alguém que ensine a se incomodar menos e brincar de pega-pega no estacionamento do shopping.

Alguém que faça você gargalhar do jeito mais esquisito e, principalmente, não ligar para o que os outros pensam quando olham vocês dançando tango no hall do prédio.

Alguém que queira abraçá-lo de cinco em cinco minutos.

Alguém que mostre que ser sério é para gente séria, que mostre que rir de si mesmo é uma das coisas mais gostosas da vida.

Alguém que mostre os caminhos tortos, pois lá também existem histórias para contar.

Alguém que mostre a beleza de chorar num filme bonito e roncar num documentário chato a que todos quiseram assistir e vocês, não.

Alguém que não se preocupe demais em arrumar a cama todos os dias pela manhã e que não sofra todo domingo com o Fantástico.

Alguém que ensine que todo mundo tem um teto de vidro, mas que todos querem alguém pra encaixar no peito e perguntar: "Tudo bem?".

A nossa casa somos nós

A gente sente vontade de conhecer todos os cantos da casa. Tem vontade de conversar com o cachorro para ver se ele sabe os segredos dela. Quando ninguém pode ver, que música ela dança no espelho? Que careta ela faz quando ninguém está vendo?

A gente quer conhecer todos os amigos dela para saber se eles também são tão especiais assim. Daí conhece e tem vontade de chamar de "nossos", porque não é possível você ter atravessado a cidade e encontrado pessoas tão *feels like home*.

Quer passar por todos os lugares que a infância dela passou. Conversar com o dono da frutaria onde ela comprava as maçãs da merenda, subir na casa da árvore e andar de bicicleta pelo bairro todo. Para ver se a gente consegue encontrar a fórmula de tanta coisa em comum.

A gente vai se moldando e aprendendo. Sente vontade de conhecer todos os cantos da casa, mas se esquece de que **essa casa já somos nós**.

A PRIMEIRA VEZ

Você se lembra da primeira vez em que nos vimos? Não sei explicar, mas eu não tinha nem ideia do que viria depois. Eu me pego pensando nisso com bastante frequência. Imagina se pudéssemos saber como seria o filme antes mesmo de entrar na sala de cinema?!

Penso que a magia de todo sentimento mora na incerteza, em como ele pode ser maleável e não nos deixar adivinhar os próximos passos. E eu, que sempre tive a mania de pensar passo por passo da minha vida, perdi a capacidade de planejar, não consigo lutar contra a espontaneidade que habita uma relação.

Ah, se tivéssemos o poder de saber quando as coisas vão nos acompanhar por muito tempo... É por isso que sempre acabo perguntando: "Você veio para ficar quanto tempo? Eu devo esquentar a água para o chimarrão ou preparo uma vida inteira?".

Deixe-me ser

Deixe-me bagunçar todas as suas certezas.

Deixe-me ser quem vai emprestar o guarda-chuva quando ninguém mais estiver pela rua.

Deixe-me ser quem vai secar o seu cabelo depois do banho.

Deixe-me fazer a pior massagem que você já recebeu.

Deixe-me não saber o que eu quero fazer.

Deixe-me ser idiota do seu lado.

Deixe-me estar no lugar certo na hora certa.

Deixe-me ser.

Aquele SUS

PIRO

que só o amor
nos faz dar

Nós somos muito mais

Para que doer?
Se é amor, ele encontra tempo.
Se é amor, ele encontra um dia.
Se é amor, ele encontra um jeito.

Nós somos muito mais.
Nós somos muito maiores, muito melhores.
Nós somos nosso próprio começo, meio e fim.

Daqui até onde Deus quiser.

Daqui para sempre.

Eu fiquei ali me apaixonando

Acho que já tinha passado das 23h, pois eu estava com um sono ABSURDO e isso acontece por volta desse horário mesmo. Era um QUASE verão, aqueles dias em que a cidade fica MUITO quente e as pessoas do trabalho acham que podem ligar o ar-condicionado no 17 °C (ISSO ESTÁ ERRADO!). Lembro de pouca coisa, até porque a gente ficou contando histórias da vida durante muitas horas (nós não, você contou. Eu fiquei ali me apaixonando, mas já vamos chegar nesse ponto).

No meio de uma dessas, eis que surge um daqueles *frames* de vida que não vão se apagar. Eu tenho o "gif da vida real" gravado aqui na cabeça. Tenho a sua risada nos meus olhos. Toda ela. Com a viradinha de cabeça para trás e o fechar de olhos mais bonito da cidade. Você sabia que SEMPRE fecha o olho quando ri? :)

Acho que foi até por isso que você nem se tocou. Eu estava ali me apaixonando e você não entendia o motivo de eu estar tão calado. Você estava ali tentando recuperar o ar para rir de novo e eu ali tentando não perder o meu por sua causa. Você começou a cantar as músicas da sua biblioteca do iTunes, todas elas. Me mostrou os seus clipes prediletos e me fez gostar de todos eles. Nessa mesma hora eu lembro de ter twittado uma pergunta: ALGUÉM SABE SE EXISTE REMÉDIO PARA ISSO?

Mas acho que a cura de uma COISA dessas é se atirar de vez, sabe? Mesmo que eu me quebre inteiro. Mesmo que eu não consiga mais voltar.

Lembro que você apagou as luzes e me chamou para deitar. Nessa mesma hora me passou um filme na cabeça de todos os FORAS, de todos os TRAGOS, de todas as madrugadas em que eu me atirei no travesseiro e me questionei sobre a existência do amor ou não (até mesmo no dia em que resolvi criar a minha página na internet). Mas, enquanto eu pensei isso, você me olhou e fez o amor fazer sentido de novo.

JURO que era para você ter sido só mais uma. Uma cerveja, umas risadas e no outro dia a gente nem se cumprimenta no Ceva no pátio, sabe? Bebeu três copos e esqueceu o de ontem. Bebeu tequila e esqueceu os que passaram no último inverno.

Mas você fez o amor ser simples. E é SÓ por isso que eu quis você. Foi no meio da sua risada. Foi quando você apagou as luzes. Foi quando me pediu pra deitar. Foi quando mexeu no cabelo. Foi quando fechou os olhos. Foi quando nem olhou pra mim. Foi quando eu fiquei ali me apaixonando.

Meu coração escolheu amar.

Nós

E eu que não queria nada com nada e não tinha nem para onde correr, acabei criando um paraíso ao seu lado.

E você... você apenas estendeu a mão e me disse:

Vem!

Vem ser mais eu,
mais você, mais nós.

Que bom que vários amores já deram errado na sua vida. Foi por isso que você aprendeu que se machucar dói muito, muito mesmo. Depois de certo tempo, a gente aprende que amor dói fisicamente. **Ele tira a vontade de comer, de dormir, de sair, de ver os amigos... de tudo.** Uma decepção pode destruir você. **É pesado**. Tem gente que costuma não limpar mais o quarto das mágoas porque acha mais fácil deixar tudo como está e simplesmente jogar a chave fora. Não julgo, nem culpo ninguém, mas confesso que prefiro fazer diferente. Eu gosto de colocar minha melhor camiseta, sair por aí pedalando até as pernas doerem e correr para todos os amigos. Encontrar o sol, o barulho e me perder por qualquer lugar que for. Gosto de já estar pronto para partirem de novo o meu coração, sabe? Prefiro ser assim. **Prefiro estar sempre pronto para me apaixonar** do que dizer "NÃO" quando me chamarem para dar um sorriso qualquer, num lugar qualquer. **O amor existe em todo lugar**. O que não existe em todo lugar é uma cópia fiel e verdadeira de você.

Mais um dia

Eu vou bater o pé, resmungar e incomodar você.

Eu vou cutucar, fazer cócegas e brincar com o seu cabelo.

Eu vou chamar a sua atenção de todas as formas que eu puder para, quem sabe assim, você perceber que o meu coração já é todo seu.

Eu me abri, deixei você entrar e fazer parte de um mundo em que eu caminhava sozinho. Deixei você marcar pegadas ao lado das minhas numa praia tão solitária que parecia que o sol não nascia mais.

Meu bem, vem morar no meu abraço. Eu esperei por tanto tempo, e por tantas vezes isso me pareceu angustiante.

Mas, agora, parece que tudo que eu vivi só valeu a pena por saber que um dia você chegaria.

E você chegou. Ô, se chegou.

Meu bem.
Sou
bem,
bem
melhor
assim.

SEUS CANTOS

Foi quando você deitou a cabeça no meu peito e me usou de travesseiro. Foi quando eu pude ouvir a sua respiração calminha no pé do meu ouvido. Foi quando entrelacei os meus dedos nos seus cabelos. Foi quando eu descobri que cafuné bom é dado e não recebido. Foi quando você esquentou a água, preparou o café e falou: "Quer tomar comigo?". Foi quando você dançou com os ombros e riu mais de si mesma do que da música. Foi quando eu apertei a sua bochecha e dei um beijo na sua testa.

Ali, bem ali. Foi ali que a ficha – aqui dentro do meu peito – caiu e eu me vi entregue aos seus encantos. Me entreguei em todos os seus cantos. Todinhos.

EU LEMBRO

Eu lembro, eu lembro exatamente quando aconteceu. Lembro o brilho nos olhos, a maneira como você me olhou e o jeito como eu desconversei para ninguém perceber nada. Eu lembro exatamente a hora em que você me puxou para ver seu clipe preferido no notebook, o jeito como você estava linda de pijama, coque na cabeça e com o dedo apontando para a tela dizendo: "Olha agora, olha agora!".

Eu lembro exatamente como tudo se desenhou. Lembro as curvas, os rabiscos e os milhoes de versos que a gente criou. Eu lembro. Lembro bem.

Lembro exatamente o dia em que eu descobri que amo você. Ô, se lembro.

Como o meu coração foi gostar do seu?

Me diz como o seu coração encontrou o meu? A gente é tão diferente, nem temos casas no mesmo bairro, que dirá as mesmas músicas no iPod. Minha cabeça ainda não consegue processar, e eu acho que nunca vai conseguir. Com tanta diferença e tanto desencontro a gente foi estacionar no mesmo lugar da vida. Tem coisas que a gente nem precisa saber ou entender. A maioria delas são as que acontecem no intervalo de meio segundo, em que os nossos olhos se encontram e reconhecem que estão em um lugar seguro. Eu desisti de tentar transcrever o que nós somos. Acho que é melhor assim, afinal, o mais importante de tudo já aconteceu, né?!

O meu coração gostou do seu e o seu coração gostou do meu.

SE FOR

SEM

AMOR

EU NÃO

QUERO

Você sempre vai achar que "vai dar errado". Você sempre vai questionar se "é a escolha certa ou não". Sempre!

A GENTE NÃO SABE O QUE VAI ACONTECER DO OUTRO LADO DA RUA, SE NÃO ATRAVESSAR.

O medo que enche você de insegurança, enche todo mundo. Ele é tão forte que pode cortar tudo, criar distâncias "confortáveis" que fazem com que você não corra perigo de SE APAIXONAR por alguém que não deve.

Por isso, quando você me diz que vai enjoar desses dias, que VAI SE IRRITAR COM MINHAS BOBAGENS, que tudo sempre acaba, que é só mais uma pessoa buscando paz e que não é e não passa nem perto de ser perfeita...

Eu digo que está tudo bem, que eu estou aqui para te entender e que se o melhor pra gente for sumir... A MINHA ESCOLHA É SUMIR JUNTO COM VOCÊ.

UMA PESSOA ESPETACULAR

ALGUMAS VEZES NA VIDA, VOCÊ ENCONTRA UMA PESSOA ESPETACULAR.

Alguém que muda a sua vida simplesmente por estar nela. Alguém que faz você ter coragem. Alguém que faz você rir até a barriga doer, acreditar que tem algo bom no mundo. Alguém que convence que lá na frente tem uma porta destrancada só esperando para a gente passar. Alguém pra qualquer hora, seja pra rir ou pra chorar, ela vai atender.

Ela vai dar um ombro. Isso é "para sempre".

Alguém que amplifica você, como se fosse um moedor de defeitos. Ela te faz crescer. Quando você está desesperado e o mundo é o último lugar onde deseja estar, seu amigo "para sempre" é a única pessoa que arranca um sorriso e faz você voar novamente. Se você resolver recomeçar do zero, seu amigo "para sempre" segue. Se você se perder no caminho, ele guia para a estrada novamente. Seu amigo "para sempre" segura a sua mão e diz que vai ficar tudo bem.

SEU
AMIGO É
"PARA SEMPRE",
E "PARA SEMPRE"
NUNCA ACABA.

BOM DIA

Lembro os dias em que eu imaginava como seria a felicidade. Imaginava os abraços e até as brigas que a gente teria. Lembro que eu já brincava com o seu cabelo sem nem saber como você era. Eu desenhava você em mim e tentava costurar o meu coração no seu. Eu tentava todos os dias, todas as horas.

Eu suplicava para que a solidão nunca mais viesse dar "bom dia". E olha, depois que você chegou... ELA NUNCA MAIS DEU AS CARAS POR AQUI.

O amor sempre deixa uma marca

A gente demora um pouco para entender que
o amor de verdade é instantâneo, automático,
involuntário. Amar uma pessoa é muito mais do
que gostar por alguns dias.

Amar é **se conectar.**

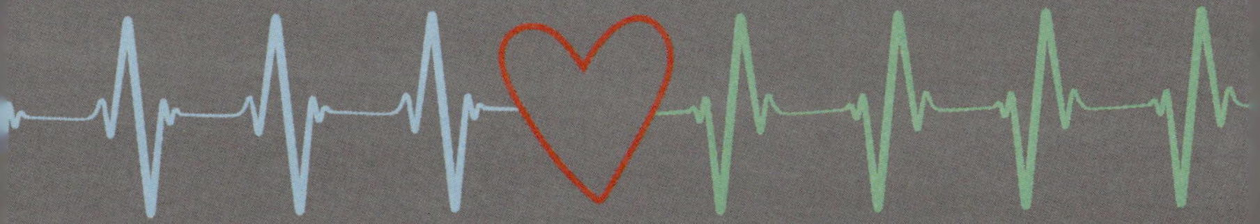

**Conectar-se por completo, ter
a mesma frequência.**

PIZZA

AMORES
QUE
FICAM

A carta

Cara, não deixe para trás tudo o que juntou vocês. Se der, compre todos os elefantes do mundo pra enfeitar o quarto dela. Faça de você um poço de segurança. Faça ela se sentir uma princesa. Não esqueça que um dia atirado ao lado dela na cama pode ser perfeito.

Essa "menina" precisa de alguém com o coração do tamanho do mundo para poder calcular esse amor.

Deixe ela suspirar no seu colo. É bonito demais ser o único espectador disso. Puxe ela para uma dança, mesmo sem saber dançar, se for todo desengonçado, não tem problema. Ela nem liga. Ela adora ver você cantar as músicas preferidas dela e não está nada preocupada se você sabe a letra ou não. Diga pra ela que eu me lembro daquele casaco velho que ela pegou emprestado. Conte pra ela que eu me

lembro do nosso primeiro "nós". Revele pra ela que eu guardei a nossa primeira foto e que um dia eu vou colar na parede da nossa casa.

Dê todo carinho que habitar no seu coração. Ponha pra fora todo o sentimento. Escreva, sem ter vergonha. Ela adora ler você. Garanto que ela vai te inspirar a escrever oitenta livros ou, pelo menos, a pensar que o amor não existia antes dela. E pra dizer bem a verdade, eu acho que não existia mesmo.

Luz Acesa

Se você se esquecer de apagar a luz e a gente precisar dormir com aquele clarão todo, sem conseguir abrir os olhos no dia seguinte, **eu viveria de cegueira**. Tocaria cada centímetro do seu corpo, colocaria bandeirinhas nas principais capitais e não me esqueceria, de maneira nenhuma, de **cada curva do seu sorriso**, mesmo que depois de um dia difícil de trabalho eu chegasse em casa e você tivesse tomado minha última *longneck* da geladeira.

Mesmo que você tivesse demorado no banho e me atrasasse para a reunião mais importante do mês, mesmo que você tivesse deixado mil fios de cabelo no ralo do chuveiro, eu juro que jamais negaria ser o seu travesseiro antes de dormir.

Mesmo que eu fosse obrigado a comer uma comida de domingo requentada na segunda, mesmo que eu precisasse levar o lixo e limpar a caixa de areia do nosso gato todas as vezes, eu ainda daria um beijo de "te amo, boa noite".

Mesmo que a gente não conseguisse travar a língua e acabasse falando um milhão de coisas que machucam – é, a gente sabe ferir quem nos cicatriza.

Mesmo que o trabalho nos consumisse, as viagens nos tirassem do carinho diário e nós inundássemos um prédio todo com a torneira que deixamos aberta, eu vou me lembrar do dia em que a vi pela primeira vez e pensei: **por onde o amor andou todo esse tempo?!**

Mesmo com as gritarias, seus pais, meus irmãos, nossos amigos idiotas, o recém-nascido do andar de baixo ou a internet que cai de hora em hora.

Mesmo com o prato na pia, o papel higiênico que acabou e todas essas coisas que dão vontade de desistir de nós, eu não poderia.

Mesmo que existisse tudo isso,
amanhã
ainda seria
mais um dia
para deixarmos

A LUZ ACESA.

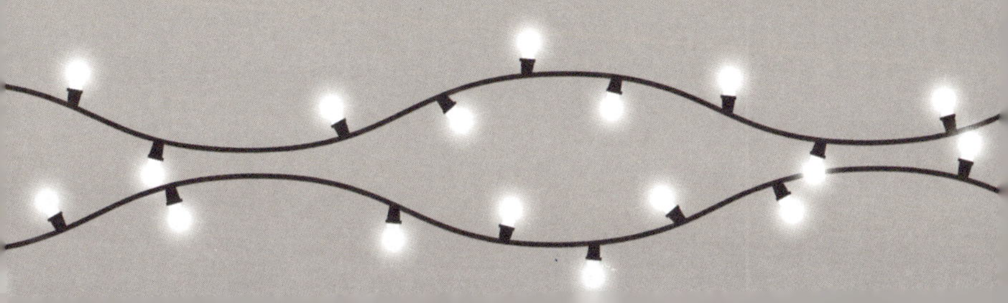

TUDO AQUILO QUE CHAMAMOS DE TUDO

Coloquei-nos
na frente
do espelho,
usei todas as
fórmulas que eu
sabia de cabeça,
calculei todas
as variáveis
possíveis e
impossíveis
e cheguei à
conclusão:

NENHUM AMOR CHEGA AOS NOSSOS PÉS.

Se é que isso é amor...
se nem nós sabemos
explicar, para que limitar
em quatro letras?
Eu gosto mesmo é
de tudo que nos rodeia.
De tudo que construímos.
De tudo que é o nosso tudo.

PROMETO

nunca quebrar seu coração

Os nossos corações são tão diferentes e,
mesmo assim, encontraram um mesmo caminho.

Os nossos corações encontraram uma maneira
de enfrentar todos os nossos DEFEITOS.

Os nossos corações fizeram tudo parecer *fácil*.

Os nossos corações fizeram o "nós" existir.

Cuide de mim

Cuide de mim, sério.

Todas as vezes que quero

parecer FORTE são as vezes

em que sinto mais medo, sabia?

Cuide de mim todas as vezes que eu parecer um LOUCO e achar que não tem mais o que fazer. Não precisa ter receio de me falar nada, só faz o que você achar que é melhor para mim...

Tente não mexer nas feridas que mais me machucam. Parece que elas não fecharam, **mas com você elas pararam de doer**.

Toda a minha insanidade me afasta de você bem quando eu mais preciso me achar. Dou duas voltas, um pulinho e nada... **nada parece me abraçar com a ternura que encontro nos seus braços...**

Cuide de mim, eu sou BEM mais frágil do que você pensa.

Pareço ser uma casa bem projetada por um arquiteto, mas **NÃO, NÃO SOU**. Sou de vidro, como quase todas as pessoas que eu conheço. LÁ DENTRO eu também sinto uma porção de coisas. Tenho minhas incertezas, minhas frustrações e **a maior dúvida do mundo é** se EU VOU CONSEGUIR FAZER VOCÊ A PESSOA MAIS FELIZ DO MUNDO, assim como você me faz todos os dias.

Eu tenho um problemão e você vai precisar lidar com ele.

Eu não sei começar nada se tiver que pensar no FIM.

Isso serve para trabalho, faculdade, namoro, música, TUDO. Eu não começo NADA se tiver que pensar em COMO isso vai chegar no último capítulo.

Eu prefiro assim. **Penso que tudo é para sempre.** Acho que isso, no fim das contas, é uma encrenca saudável, mas eu preciso que você CUIDE DE MIM. Sozinho NÃO dá, não...

Podemos fazer esse acordo?

Todos os dias

Eu só queria alguém que me fizesse esquecer de que o domingo é uma merda, de que nesse dia toda a solidão bate e de que é o dia de ligar o despertador mais uma vez.

Eu só queria alguém que não se importasse em sair pra comer um CACHORRO-QUENTE às 23h de uma terça-feira só como pretexto para ficarmos juntos.

Eu só queria alguém que não desse mais atenção para o seu cachorro do que para mim (eu adoro cachorros, mas né?!).

Eu só queria alguém que deitasse no meu peito antes de dormir e que a última coisa que eu faria seria mexer em seus cabelos até pegar no sono.

Eu só queria alguém que tornasse o beijo na testa uma forma de carinho e não um adeus mascarado de compaixão.

Eu dizia isso para

mim TODOS OS DIAS

antes de te conhecer.

Você é o meu alguém todos os dias.

E sabe o que eu
digo/penso/sinto hoje?

final feliz

Eu queria que o tempo parasse quando olho no fundo dos seus olhos. Bem naquela hora, naquele momento. Lá onde poucas pessoas chegam. Naquele lugar onde ninguém tem defesa, sabe?

Como quando você me abraça e eu pareço ser pequeno no meio dos seus braços.

Ali, bem ali, somos só nós. Você, eu, nossos corações e uma infinidade de carinhos.

Eu sei que isso pode parecer idiota, mas eu sinto saudade de você antes mesmo de dizer "tchau".

Sinto. Sinto mesmo.

Sinto que o meu coração fica sem um pedaço quando meus olhos já não conseguem ver você e que me sinto até desprotegido quando não estou ao alcance dos seus dedos.

Eu perco todas as defesas quando encontro você.

É estranho, mas eu sinto os meus olhos brilharem. Eu poderia ficar só olhando pra você por horas, horas e mais horas. Mas é aí que você me chama para o mundo. Você me puxa pela mão e pinta, a cada esquina, uma nova cor para essa nossa vida tão linda.

É engraçado
como você não
precisa de nada além de um
sorriso para ser a pessoa mais
incrível desse planeta.

É engraçado
como você não precisa de
nada além de uma cara de sono
para ser a pessoa mais bonita que
já habitou esse mundo.

O seu olhar me invade.

O seu sorriso me atravessa.

E o seu amor... ah, o seu amor me transborda. Transborda das melhores coisas que um ser humano pode sentir. E, sim, acho que é isso o que eu chamo de AMOR. **Meu amor.**

Casinha

Que todos
os dias dessa "nossa"
vida eu possa fazer
uma casinha no meio
dos seus braços.

Ninguém imagina o quanto
eu quero fazer de nós uma
coisa só, quero colorir dia
após dia o nosso futuro.
Meu presente é ter você
como presente.

Desse jeitinho mesmo:

um amor
com cheirinho de flor.

Escolhas

Escolhi
amar você
desde o nosso primeiro dia,
quando eu
ainda brincava com os seus pés
para tentar chamar a sua atençã
só para mim.

A vida
quase nunca
nos dá certezas
sobre
as nossas escolhas,
sabe?

Mas confesso:

desde que
meu coração
escolheu
amar você,
a incerteza foi
um sentimento
que nunca mais
me visitou.

Sonhar

Nós somos algo

que tudo o que

uma vida intei

já está pare

tão maior do
eu sonhei, que
ra ao seu lado
cendo pouco.

TUDO O QUE A GENTE PRECISA

É AMOR

PARA SEMPRE

Não existiria o **barulho** sem o **silêncio** e, certamente, o **branco** só existe porque o **preto** está na outra ponta da escala de cor. Muito mais importante do que qualquer lição de casa e muito mais certeiro do que a soma de 1 + 1, a gente nasce **chorando** e com o primeiro olhar da mãe é capaz de abrir um **sorriso**.

AS COISAS SÃO ASSIM...

A gente **dorme**, descansa, desliga. Mas também **enfrenta** esses dias. A gente debate até discutir, quase que suplicando por uma resposta.

TUDO

AS COISAS SÃO ASSIM...

Não fica se jogando pra baixo, achando que sua vida não vai dar certo e que esse mundo não é pra você. **As ondas batem forte**, sim, mas isso é **pra criar casca mesmo**. Se a **tristeza** vem é porque você já esteve **feliz** o bastante pra saber como é esse sentimento. Nunca se esqueça de que não tem nenhum problema em ficar **cabisbaixo**. É exatamente daí que se inicia a construção de uma **grande felicidade**.

De que valeria o **choro** se não existisse o **sorriso**?!

MAIS ALGUM CHORO

Se não esquecêssemos o
valor da pergunta
"tudo
bem
com
você?",
poderíamos ser muito
mais próximos?

É engraçado como, sem perceber, às vezes nem perguntamos sobre a vida de quem mais gostamos. Nós focamos tanto nos próprios problemas e esquecemos que o mundo gira para todos, e que esse mundo está bem longe de ser algo parecido com a Disneylândia.

PARE PRA PENSAR: QUANTAS VEZES VOCÊ FICOU SE LAMENTANDO SEM PARAR E NEM SE PREOCUPOU EM SABER SE SEU AMIGO TAMBÉM TINHA ALGUM CHORO PRA CONTAR?!

SE EU NÃO TIVESSE VOCÊ COMIGO

Se eu não tivesse você comigo para me lembrar de limpar o rosto, **certamente eu sairia por aí cheio de coisas na bochecha.**

Se eu não tivesse você comigo, com certeza eu teria sido reprovado na matéria mais importante da vida: **como rir de mim.**

Não saberia nada de tudo o que você me ensina.

Não me encantaria toda vez que saímos sem destino e você diz que o lugar não importa, **o que importa é que estejamos juntos**.

Sempre que isso acontece, eu penso: "**Você é minha casa toda noite**".

Se não tivesse você comigo, eu não ficaria preso aos seus assuntos e trejeitos. Como quando você para de falar e me pergunta "o quê?", porque estou olhando o seu jeito de me fazer rir.

SE NÃO TIVESSE VOCÊ COMIGO, EU TERIA SÓ VAZIO.

Então me diz que a noite foi mais legal porque eu te desejei que fosse, porque eu deitei com você do outro lado da cama ou do WhatsApp. Me diz que não importa o quão bobo-apaixonado eu possa ser, que o que importa é que dá para ver como sou feliz por ter você comigo. Pode dizer que me odeia, mas diz com aquele jeito risonho, para si mesma, porque você sabe que é uma daquelas mentiras que você conta para rirmos depois.

Diz que, se eu não tivesse você comigo, você daria um jeito de me acordar com voz de sono só para eu virar para o lado e sonhar em ter você mais uma vez.

Se não tivesse você comigo, eu teria você comigo.

Fácil demais

Você nunca esteve tão feliz quanto agora.
O amor faz um bem que você nem imagina.

Você precisa passar por muita coisa difícil na vida para aprender que quando o amor de verdade chega ele é fácil demais de viver.

Decidir *ficar*

A gente decide ficar
com uma pessoa não
porque precisava
de alguém. A gente
decide ficar porque
a vida estava linda
e tudo o que a gente
mais queria era
mostrar pro outro
o nosso jeito de ver o
mundo.
Sentir
juntos,
mas de formas
diferentes.

AMORES
QUE
VÃO

VOCÊ NÃO TEM SAUDADE

Quando der saudade de algum relacionamento/emprego/projeto ou qualquer coisa que o valha e que passou, NUNCA se esqueça: as coisas boas aconteceram, mas, para ter acabado, muitas coisas também lhe desagradaram e fizeram mal.

E disso

você

não

tem

saudade.

SE EU SOUBESSE QUE IA SER A ÚLTIMA VEZ

Eu teria me arrumado mais cedo, teria cortado o cabelo do jeito que você gosta e não teria demorado tanto no banho. Eu teria escolhido minha melhor camiseta, teria guardado a última borrifada do seu perfume preferido e teria calçado as minhas botas em menos de dez segundos.

Eu não teria perdido tempo indo de ônibus, eu teria ido correndo ou de bicicleta ou de carro ou de foguete. Eu não teria perdido tempo no espelho da recepção do seu prédio ou esperando o elevador chegar para subir. Eu não teria batido na porta e não teria perdido tempo fazendo sala para sua família.

Eu teria pegado você no colo, sentido seu cheiro por completo e entrado com o pé direito no seu quarto.

Eu teria conversado sobre os últimos livros que a gente leu, sobre o último episódio de *How I met your mother* ou sobre como o *Friends* nunca deixa de ser legal. Eu teria colocado alguma música para ser a trilha sonora daquela hora.

Eu teria feito você sorrir até ficar com raiva. Pois você sabe que aquela sua cara de brava não quer dizer nada para mim. Eu teria ficado olhando nos seus olhos até ficar vesguinho.

Eu teria dado um beijo em cada canto do seu rosto e teria esperado você abrir a porta para mim, como quem diz: "volta logo".

SE EU SOUBESSE QUE IA SER A ÚLTIMA VEZ, NA VERDADE, EU TERIA MARCADO UM CAFÉ PARA OUTRO DIA.

Somos nosso próprio

final feliz

Intocáveis

Eu
me
lembro
de
quando
nós éramos
intocáveis.
Não tinha dia
em que não nos
encontrávamos. Não tinha
chuva que conseguisse
nos separar. Cada um com
suas manias, todos com o nosso
sorriso. Lembro as inúmeras vezes
em que passávamos horas imaginando
como seria o dia em que "viraríamos"
adultos. Não era possível ver uma vida tão
corrida em que não coubessem as
nossas presenças.

O mundo de gente grande é complicado. Ele nos atravessa. Ele nos coloca dentro de um vagão e não nos avisa em que parada devemos descer. Nós levamos o que temos nas mãos, afinal, ninguém faz ideia de quanto tempo essa jornada vai durar.

E o brilho disso tudo se encontra em não haver tempo ou distância que nos afaste. A magia de ser adulto está em descobrir que somos crianças.

Continuamos sem saber a resposta da maioria das perguntas, como fazer ou onde tudo isso vai dar... Mas, do nosso lado, estão todos aqueles que também não sabem e que vão ter prazer em pegar a nossa mão para sentir o frio na barriga juntos.

É disso que falamos
na infância e,
na verdade,
nós somos
intocáveis.

Eu não preciso pedir desculpas pela parte ruim, muito menos perguntar quantas vezes você pensou em ir embora antes de realmente ir. Não vou me segurar nas promessas que fizemos quando estávamos felizes, ou naquela vez em que eu coloquei uma aliança de guardanapo do Subway no seu dedo e você jurou ficar comigo para sempre. Juro que não vou.

Eu só queria dizer que você vai fazer falta. Muita falta. Falta pra caralho. Ou melhor, já está fazendo. Parece que a minha chance de ser feliz saiu pela porta e ninguém me deu a chave para abrir e correr atrás. Parece que eu perdi a chance de ser a chance de alguém, sabe? Eu sempre penso que o tchau serve pra gente ver o quanto de nós ficou dentro da pessoa que profere essa palavra. Quanto mais superficial, menos ficou e assim por diante. Acho que é por isso que eu não lembro do nosso último olhar. Você nunca foi muito de despedidas e eu nunca fui o tipo de cara que vai abanar no aeroporto, então até nisso nós meio que combinávamos. Mas eu sinto que ainda preciso dizer que eu amei você.

Amei muito. Do meu jeito, mas amei. Com ansiedade, cagadas e sem tempo para cumprir toda a agenda que um relacionamento proporciona, mas eu amei.

Amor não acaba. Ele se adapta à situação para o nosso coração sofrer menos. Acho que foi por isso que você partiu da mesma maneira que chegou: sem avisar, sem dar indícios, sem nada.

Afinal, você nunca foi muito boa em despedidas. Mas, na verdade, acho que dessa vez eu queria um tchau.

NINGUÉM SENTE DO MESMO JEITO QUE VOCÊ

Eu sei que você sabe

Você sabe que vamos acabar nos encontrando quando estivermos naquele pior dia da vida de cada um, na chuva sem guarda-chuva, com a meia molhada e com o pior humor do mundo. *E você sabe que* vamos tentar sorrir, parecer sinceros, até porque ~TUDOJÁPASSOU~. Nada vibra entre nós. É tudo bobagem. **Aha**. É, sim.

Você sabe que o que vai quebrar nossos dois joelhos é tentar lembrar o "PORQUÊ?!" que não fazemos mais sentido um para o outro e não ter resposta nenhuma. Naquele milésimo de segundo em que os olhos se batem, bate também o *a gente não deu certo e eu nem me lembro o motivo.*

Isso tudo até um dos nossos amigos em comum me contar que você ainda pergunta por mim, assim como *eu ainda falo de você* para o pessoal do meu trabalho. Apesar do nosso fim sem abraço, é SEMPRE do abraço que eu lembro. Do nosso encaixe e todas aquelas coisas.

E você sabe que eu vou querer ligar no dia do seu aniversário, e eu sei que você vai atravessar a rua para não precisar esbarrar em mim na frente do hospital. O que me deixa pior é saber que **VOCÊ SABE** como eu tenho me sentido e **NEM ASSIM** você passou essa barreira e veio perguntar como eu estou. **VOCÊ SABE** de praticamente tudo, nunca tirei esse mérito. Mas, às vezes, *parece que você não sabe* que existem amores que só mudam de status. Eles continuam ali, tatuam a pele, e nenhum tempo apaga.

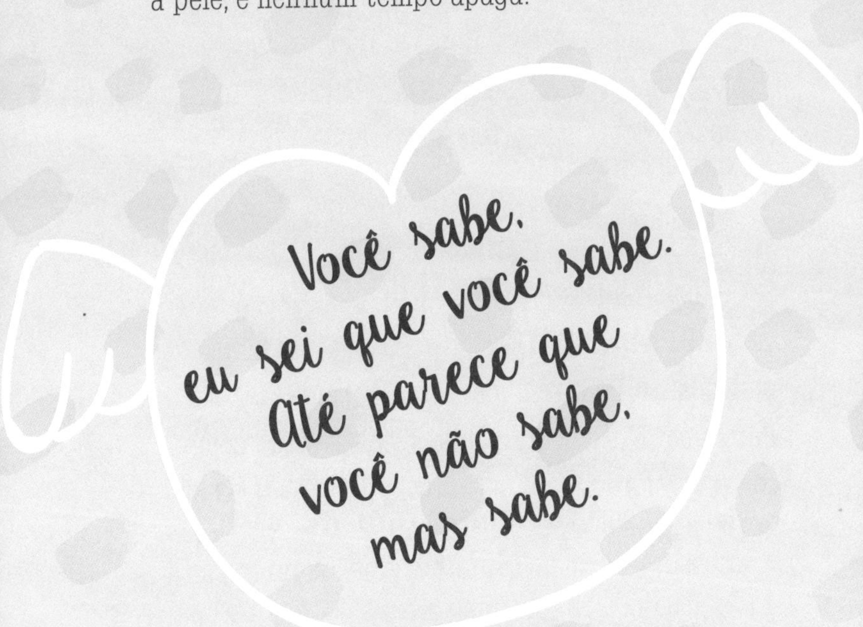

Esse é o tufo

Não sei se essa é a expressão correta, mas acho que tinha me esquecido de quem eu era antes de você chegar. Tinha me esquecido dos diversos dias lindos com sol que a minha bicicleta me levava pra conhecer e de COMO isso era LEGAL. Tinha me esquecido de que cinema sozinho é uma das coisas mais Top 5 da vida e que não dividir a pipoca doce é DEMAIS. Não me fale em egoísmo. Pipoca doce não se divide mesmo.
Tinha me esquecido de como é bom sair para encontrar as pessoas de quem eu gosto sem precisar me preocupar se avisei ou não, se tenho hora para voltar ou não, se eu queria levar ALGUÉM ou não.
Sabe, isso pode até parecer feio de se falar. Mas eu VERDADEIRAMENTE acho que precisamos nos gostar DEMAIS para ter alguém ao lado. Para, assim, dividir as coisas, ao invés de começar a viver a vida do outro. SEM SONHO NÃO SE SONHA, saca?

Durante muito tempo eu tinha esquecido de MIM. Não lembrava a minha última deitada no travesseiro em que eu não pensava em mais nada além de "QUERO ACORDAR AMANHÃ DE UMA VEZ". Eu só tinha vontade de apagar por dias, por anos... Tem coisas na vida que você só enxerga depois que passa. É como a mancha de vinho na camiseta... o porre está bom, a risada está alegre, mas depois que suja você enxerga a BRECHA em que se meteu. Esse é o TUFO.

Tem coisas na vida que você só enxerga depois que passa. Mas, relaxa, sempre passa e sempre melhora.

A última vez que me apaixonei

Se você tiver sorte na vida, você vai conhecer uma pessoa que vai dividir tudo em ANTES e DEPOIS dela. E aí, sim, você vai poder dizer:

Essa foi a última vez que me apaixonei.

Você é a melhor pessoa do mundo, tem as melhores manias, e eu gosto como você dança na frente do espelho enquanto se arruma. O mundo deve estar brincando comigo. Tenho um grande medo de acordar sozinho amanhã, então é melhor eu falar isso agora, antes que seja tarde.

Estando juntos ou não, você sempre vai ser a mulher da minha vida.

E por último (caso você ainda esteja lendo): se a gente nunca mais se vir de novo e você sentir um frio na barriga por aí, saiba que sou eu, amando você de qualquer lugar que eu esteja.

QUANDO TE MAGOAREM:

NÃO PASSE ADIANTE!

Não importa quantas vírgulas precisaram passar na sua vida para que você pudesse tirar os pés do chão e sonhar como se não houvesse amanhã.

Ponto e vírgula

Confie em si mesmo, o mundo costuma ser um lugar muito mais legal para quem se deixar voar pelo infinito céu dos sentimentos. Mesmo que nós, na tentativa de acertar, sempre nos percamos nos trilhos e acabemos iniciando um

novo parágrafo. Daquele mesmo jeito, totalmente sem jeito. Nas reticências que a vida deixa nos amores mal resolvidos ou nas amizades perdidas, nas conversas não terminadas ou naquelas discussões em que você só achou os argumentos que queria dizer enquanto tomava banho, as tais vírgulas aparecem. ,

Às vezes para separar momentos e outras tantas vezes para nos mostrar que é hora de recomeçar. As vírgulas separam momentos da nossa vida. Elas nos fazem parar para respirar entre um período e outro e em alguns momentos nos fazem até mudar o rumo de uma história.

O que vai nos diferenciar das pessoas que andam "com os pés no chão" é a quantidade de **pontos finais** que colocamos nos nossos dias. Nem sempre eles são ruins, mas na maioria das vezes são necessários!

Afinal, TODO recomeço vem de algum final.

Sejamos vírgula ou ponto final... o importante está no ser e não apenas no fato de existir.

Sem egoísmo não se chega

Como nós escolhemos as alegrias que desejamos sentir? Como realizamos os sonhos? Como aprendemos a gostar mais de nós mesmos? Nós nunca vamos dizer que é fácil. Nunca vamos admitir isso, mas pensar em si e conseguir ser mais feliz com isso é muito legal e, por incrível que pareça, não é egoísta.

a lugar algum

É demorado
o processo de aceitação,
precisamos entender que
**a primeira pessoa que
deve estar feliz
somos nós mesmos.**
Com isso, se abre
um infinito de
possibilidades.
Nós nunca vamos fazer
outra pessoa feliz se
não formos felizes antes.
Parece simples, mas
nunca é demais lembrar.

Amar
é de
graça.

Ame!

Uma carta para quem acha que ama

Por favor, leia isso com atenção. Prometo ser o mais sincero possível e gostaria que você também fosse consigo mesma.

Você anda sofrendo demais por um amor que não vale a pena.

Quer dizer, você anda sofrendo por algo que não é amor. Quer entender? Deixa eu explicar melhor.

*Só estou dizendo isso porque o amor não dói.

*O amor não machuca.

*O amor não mente.

*O amor não nos faz chorar de tristeza.

*O amor não é algo que se mede.

*O amor não é cobrado.

*A gente não precisa suplicar para alguém ficar.

*A gente não precisa pedir para alguém retribuir.

*As coisas simplesmente acontecem.

Você não acha que merece um salário maior? Você não acha que precisa de uma casa melhor? Você não acha que precisa se alimentar melhor?

Todas essas conclusões só aparecem porque você sabe que tem potencial para alcançá-las. Por que no amor seria diferente?

VOCÊ NÃO ACHA QUE MERECE UM AMOR MAIOR?

Um amor que chame você para sorrir e pague a conta. Um amor que traga risadas para contar. Um amor que leve cafés da manhã felizes ao invés de despedidas cheias de lágrimas. Os amores de cinema existem. O filme está dentro da paixão, basta você acreditar que merece, e eu acho que você merece. Agora é só questão de você abrir os olhos.

Mesmo que doa, eu preciso dizer: o que você tem não é amor.

É AMANDO QUE SE APRENDE A AMAR

Dizem que a gente não aprende com os tropeços dos outros. O que ninguém enxerga é que cada um tem seu tempo, cada um funciona num ritmo, mesmo que seja um ritmo sem ritmo algum.

Por mais que a gente ouça os conselhos mais legais, leia todos os livros do Stephen Hawking e gaste rios de dinheiro com o melhor terapeuta da cidade, nada adianta se a gente não praticar. Nada!

Sério, parece idiota dizer... Mas é amando que se aprende a amar.

O AMOR EXISTE

O amor não tem cor.

O amor não tem hora.

O amor não tem tamanho.

Se conseguíssemos medir ou expressar na sua magnitude o que é o amor, esse sentimento não seria tão especial. Precisamos de muito mais do que palavras, muito mais do que ações, muito mais de todas as coisas para sentir e colocar para fora algo tão bonito.

O amor é algo que nos atravessa, que nos invade, que nos carrega para lugares e sensações que jamais seríamos capazes de imaginar que existiam.

O amor é tudo.
O amor é o todo.
Por ele a gente faz loucuras
e por ele a gente vive.

O AMOR...
SIM, ELE EXISTE!

Preparação: Fernanda França
Revisão: Juliana Cury Rodrigues e Laura Vecchioli
Projeto gráfico e diagramação: Márcia Matos
Capa: Márcia Matos
Imagens de miolo: Freepik e Shutterstock

N341a
Neko, Leandro
O amor existe: deixe esse sentimento invadir sua vida / Leandro Neko. - 1. ed. - São Paulo: Planeta, 2017.

ISBN 978-85-422-1094-1
1. Crônica brasileira. I. Título.

17-43482 CDD: 869.8
CDU: 821.134.3(81)-8

Rua Padre João Manuel, 100 – 21º andar
Ed. Horsa II – Cerqueira César
01411-000 – São Paulo-SP
www.planetadelivros.com.br
atendimento@editoraplaneta.com.br

Este livro foi composto em Napoleon Light e impresso pela Intergraf para a Editora Planeta do Brasil em julho de 2017.